ANCIENS

PROVERBES

BASQUES ET GASCONS,

RECUEILLIS PAR VOLTOIRE

ET

Rémis au jour par G. B.

---

60 EXEMPLAIRES.

PARIS.

TÉCHENER, place du Louvre, 12.

1852.

ANCIENS

PROVERBES

BASQUES ET GASCONS,

Recueillis par VOLTOIRE.

Nul biographe n'a, je crois, fait mention de Voltoire, écrivain tout aussi peu connu jusqu'à présent que si jamais il n'avait existé. Il vécut dans les premières années du règne de Louis XIII ; il fut maître de langue, d'écriture, d'arithmétique dans le midi de la France ; ses ouvrages que l'oubli a dévorés, ne sauraient se soustraire au mouvement d'investigation littéraire qui secoue la poudre sous laquelle gisent des bouquins presqu'anéantis et des manuscrits illisibles.

Voltoire a laissé deux ouvrages devenus d'une extrême rareté et dont il y a moyen d'extraire quelques pages d'un intérêt véritable ; ils offrent des textes écrits dans des idiomes qui s'effacent de plus en plus, mais dont il ne faut pas laisser perdre les traces ; ils ajoutent un chapitre fort curieux à l'histoire de la sagesse des nations, à l'histoire des proverbes, cette voix vivante de l'humanité (1).

---

(1) M. Leroux de Lincy ne cite point les écrits de Voltoire dans le travail bibliographique qu'il a mis en tête de son *Livre des*

Nous n'avons rencontré les écrits de Voltoire sur aucun catalogue ; mais désormais, si jamais ils viennent à se présenter dans quelque vente, leur fortune est faite ; l'oracle de la bibliographie, M. Brunet, leur a accordé une mention honorable dans la quatrième édition de son *Manuel du Libraire* (T. IV, p. 686 et 884).

Toutefois les limites imposées au savant auteur de cet immense et consciencieux travail lui défendaient de faire connaître, si ce n'est en deux ou trois lignes, les écrits de Voltoire ; révéler leur contenu à quelques bibliophiles, aux travailleurs préoccupés de recherches ethnographiques ou parœmiographiques, tel est le but de cette notice.

Le premier ouvrage dont nous nous occuperons, c'est l'*Interprect ou traduction du François, Espagnol et Basque*, Lyon, Rouyer, format allongé, sig. A — N n 2 ; 3 f.° liminaires et 280 pages, à trois colonnes, une pour chaque langue. Après un vocabulaire des mots les plus usuels, commence, p. 132, une suite de *Colloques ou Dialogues propres et nécessaires en divers négoces*, dialogues en tout point semblables aux *Guides de la Conversation anglaise, espagnole*, etc., tout aussi niais qu'eux, mais où se rencontrent heureusement, disséminés çà et là, des proverbes que nous nous sommes empressés de recueillir ; ils ne se trouvent point

---

Proverbes français (1842, 2 vol.). Cet ouvrage aussi savant qu'agréable à lire, est toutefois le fruit des recherches les plus approfondies et les plus persévérantes, mais, quelque soit le sujet qu'on se propose de traiter, il est impossible d'arriver à connaître tout ce qui a été imprimé à cet égard.

dans le recueil si curieux et si rare d'Oihenart (1),
Atsotizac edo refravan (Paris , 1657), recueil dont
je compte , d'accord avec un philologue aussi instruit
qu'infatigable (M. Francisque Michel), faire paraître
bientôt une réimpression.

Le très-petit nombre des écrits de quelque intérêt ,
mis au jour en langue basque , l'impossibilité (le mot est
exact) de se les procurer , le vif sentiment de curiosité
qui s'attache à cet admirable et mystérieux idiome ,
voilà nos motifs pour remettre en lumière les proverbes
conservés par Voltoire. Leur expression pittoresque et
vive , la sagesse qui brille dans leur concision frap-
pante , les recommandent d'ailleurs suffisamment.

Nous avons cru devoir indiquer ceux qui nous ont
offert quelqu'analogie avec les dictons qu'a enrégistrés
Oihenart.

———

Barathê barathê , badua our-
ron ,
Pas à pas on va bien loin.
Udan eta neguan uri , egui-
tendu jeincoaq nahidui-
nean ,
En été et en hiver il pleut
quand Dieu veut.

laincoa nahiduen orduan ,
aisçe gusçi ez egui tendu
uria ,
Quand Dieu veut , de tout
vent il pleut.
Aiçia eta emastea eta fortona
cambiatçequo , erraits dire
hiliarguyra beçala.

———

(1) Au sujet de ce volume dont la bibliothèque du Roi possède
un exemplaire , long-temps regardé comme unique , mais qui ne
l'est pas , puisqu'un second exemplaire (imparfait il est vrai)
appartient à un bibliophile de Bayonne , voir la *Biogr. Univ.*,
T. XXX , p. 634 , le *Livre* de M. Leroux de Lincy , T. I , p. cix , et
surtout l'ouvrage si instructif , si spirituellement écrit de M. le
baron Taylor , *Les Pyrénées* , 1843 , p. 615.

Le vent, la femme et la fortune sont muables comme
la lune (1).

Mihi duena erromaradua,

Qui langue a, à Rome va.

Arribera gueldibetan estu
emanbehar esquoriq ez er-
ryriq,

*Un ruisseau lent ou coi, ne
mets main ni doigt.*

Couragya oa na içitçendu ven-
tura gastua,

*Le bon courage intimide la
mauvaise aventure.*

Gueriçean duenaq ouri, denean erroada alda badady.

Qui est à couvert quand il
pleut, il est sot s'il se meut.

Berand heldudena guasquy
ostatatçen da.

Qui tard arrive mal loge (2).

Hostalarroua eta arragna,
hirour egunez dire pousoyn,

*L'hôte et le poisson en trois
jours sont poison (3).*

Ourreriq eta çillarriq, estuena
lo eguiendu segurquy ; ba-
dariquan, ate sarratuary,
burua gardatua.

*Qui n'a or ni argent, dort
sûrement ; toutefois, porte
fermée, tête gardée.*

---

(1) Plusieurs des proverbes du recueil d'Oihenart sont assez peu favorables au beau sexe :

Eguic emaste, azi lo, berac irazar iro (*Prov.* 119).

Prends une femme, et après dors tant que tu voudras, car elle aura assez de soin de t'éveiller.

Emastea har desana han ditaric, estaie exean grina gabetaric. (*Prov.* 135).

Celui qui prend une femme de grande maison, ne sera pas sans noise dans sa maison.

Voir aussi le proverbe 356 que nous ne traduirons pas : « Oilar bat aski da ollo hamarbaten, hamar guison es emaste baten ».

(2) Berant jina, gaisqui ezina (Oih., *Prov.* 90).
Le tard venu est d'ordinaire mal couché.

(3) Arraina eta arroza, heron egunac carazes, campora dera-goza (Oih., *Prov.* 34).
Le poisson et l'hôte deviennent puants passé trois jours, et les faut jetter hors de la maison.

Hitçaq dire emeaq eta obraq harraq.

Paroles sont femelles et les effets sont mâles.

Our beroz erreden pochouaq beldurda epelarençat.

Le chien échaudé a peur de de l'eau tiède.

Barquan edo onçia enbarquat-çendena estobely demboura naïduen beçala.

Qui entre en barque ou en nef n'a pas toujours le vent comme il veut (1).

Hobeada bacarriq compagna gaistua requyn bagno,

Mieux vaut être seul que mal accompagné.

Corna engatiq pochoua dan-satçendu.

Pour le denier danse le chien (2).

Olio eta eguya gagna dadu-qaté,

L'huile et la vérité tiennent le dessus.

Beguys icustendena gogos çigneztendu,

Qui de l'œil voit, de cœur croit.

Eçen bilduçidena bilduça-queté eta ez etaré harria larrotçea,

On ne peut le nu dépouiller, ni la pierre écorcher.

Deus siq esten lecouan, erre-gueq bereçussen bidea gal-çendu,

Où rien n'y a, le Roi perd son droit.

---

(1) On peut rapprocher ce dicton de celui du recueil d'Oihenart :

Itsassosc adarric es (*Prov.* 285).

La mer n'a point de branches (auxquelles on puisse s'accrocher quand on se noie).

(2) Transcrivons parmi les proverbes Basques dont le chien est le héros, celui-ci qui revêt d'une expression pittoresque et vive, un sens fort juste :

Nic hora mona, horac bere bustaua.

J'ai commandé au chien (de faire cela) et le chien a commandé à sa queue.

Balyneçyn baduçu ydicoa harçaçu contou onean larroua,

Si ne pouvez avoir le veau, prenez à bon compte la peau.

Les longs propos font les jours courts.

Astouaq cquarçendu mahatz arnona eta edatendu oura,

L'âne porte le vin et boit l'eau (2).

Hitzaq eta lomaq aissiaq eramatendu,

Paroles et plumes s'envolent au vent.

Gasteaçuna alferra caharias çuna necessitaçoada,

Jeunesse oiseuse, vieillesse nécessiteuse.

Adçignera beguiratçen estoena goy beliliq guelditçenda,

Qui devant soi ne regarde, demeure à l'arrière garde.

Oguy garrabiqda nequatugaberiq.

Nul pain sans peine.

Necessitatea estu erregueriq eta ez legueriq,

Nécessité n'a Roi ni Loi.

Cabelaldy batequo çaspy haureq, bat bedera differentada boruudateau.

Sept enfants d'une ventrée, chacun est divers en pensée.

Esquo bateq bereia garbitçendu.

Une main lave l'autre (1).

Obeada gueldiriq egoitea gasquy eguytea hagoon.

Lucieq eguyten tuste egun labourraq.

Mieux vaut chômer que mal faire.

---

(1) Escu batac dicuske, berzea bicc beguitartea (Oih. *Prov.* 57).
L'une main lave l'autre et les deux lavent le visage.

(2) Proverbe qui ne se rencontre point parmi ceux qu'Oihenari a réunis au sujet de l'âne; nous en citerons deux :

Arstoac arstara (*Prov.* 38).
L'âne (procède) en âne.

Arstoa emoiic arbuïa sesanac, guero erossi behar uken suën.
(*Prov.* 40).
Celui qui refusa l'âne en don, fut obligé après de l'acheter.

Erroma eçen horen batez aca-
batu.

Rome ne fut pas faite en une
heure.

Gariçuma eta justicia da gais-
tou ençat.

Le carême et la justice, pour
les méchants (1).

Mehaçhatoeq oragno jaten-
dute oguya.

Les menaces mangent encore
pain.

Guehiagoda mehaçhatu dire-
uetarig çeharu direnetariq
bagno.

Il y a plus de menacés que
de frappés.

Esta bide chiguor hain eder-
riq non ezpairtu by urrat-
xeu lohiriq.

Il n'y a si beau sentier qui
n'ait deux pas de bourbier.

Dembora dembo rary darrayo.

Après un temps vient l'autre.

Gauça gasquy içabaçiaq estute
sequlan etorçen sinonyq.

Chose mal acquise ne vint
jamais à bonne fin.

Norq sobera beçar quatçen-
baitu gutty herstendu.

Qui beaucoup embrasse peu
étreint.

Nyhor eçyn emandeçaqué estuena.

Nul ne peut donner ce qu'il
n'a.

Fedea conçistatçendu çignas-
tean eta ez icustean.

La Foi consiste à croire et
non à voir.

Ounguy haçidena erdy eguyn-
da edo acabatua.

Ce qui est bien commencé est
à demi fait ou achevé.

Je passe à un autre ouvrage de Voltoire ; il est inti-
tulé : *Le Marchand traictant des proprietez et par-*
ticularitez du Commerce et négoce, Tolose, V.ᵉ J.
Colomiez et R. Colomiez, 1607 (2).

---

(1) Garisuma eta urkabea, asturugaizenzat. (*Oih., Prov.* 181).
Le Carême et la patence sont faits pour les misérables.

(2) Nous ne connaissons que deux exemplaires de cet ouvrage,
et certes s'il eût paru à quelque vente célèbre, à celle de Ch.

A la suite de 7 f.^s limin. et de 195 pages consacrés à des détails commerciaux, arrivent des vers d'un assez faible intérêt et ce que l'auteur appelle les *Moutets gascouns*, c'est-à-dire, 616 proverbes exprimés tantôt en un seul vers, quelquefois en deux, rarement en quatre.

D'abord vient un avis *aus Legidous* en 16 vers.

> Come las bous pastoures en la sason naouere
> Toutes en bet troupet, au mez de may gaugières
> S'en bau pugia aus tepez, puch capbat la ribere
> Per coelhè amassa mentes diourses hlous.....

Le poète s'adresse ensuite *aus moutets* :

> Moutets lous mes, berotets et melhous,
> Anas sortets, besé boste gascougne,
> Bisitats touts, bosfez batents gascons
> Hardimen dats, sens se nade bergougne.

Nodier, par exemple, il eût produit cette émulation d'enchères qui enfante des folies que ne saurait condamner la plus froide raison. L'un de ces deux exemplaires appartient à un bibliophile dont le zèle égale le savoir, à M. G. Duplessis auquel l'on doit des réimpressions de divers opuscules curieux et qui doit, nous l'espérons du moins, faire connaître avec détail les *Moutets gascons* dans un ouvrage important qu'il prépare sur les proverbes. Le second exemplaire a été obligeamment mis à notre disposition par un jeune amateur, M. Émile Dubois, qui l'a retiré, à Toulouse, d'un amas de livres sans valeur; malheureusement ce dernier s'est trouvé incomplet de quelques feuillets, mais il n'en méritait pas moins d'être soustrait à la destruction qui le menaçait : *Otsoarem ahotic ixtarbat ore en* (De la bouche du loup il est bon de sauver même une cuisse).

Nous permettra-t-on d'ajouter que nous réunissons les matériaux

Assiou , deca , dela , tirats dret aus hilliets
Deous bourges et marchans , aus que soun besicadets.
Lour dirats qué pér hets , dube boloutat bonne
Ioubs he boutats dehore , non per aute personne.

Je prends sans choisir quelques-uns de ces proverbes
pleins d'un sens exquis ; leur tour vif et spirituel les
grave dans la mémoire ; je les reproduis textuellement
et je ne crois pas utile d'y joindre une traduction,
indispensable lorsqu'il était question de faire connaître
les sages dictons des Escualduanacs.

Jougua , goatgia , presta argen ,
Heu d'amistat escartamen.

Nat que nous deou lausa presa ny mens blayma
Leou dicts è hets que hen , thomes hay ou ayma.

---

d'un travail philologique sur les proverbes destinés à compléter
les recherches des écrivains qui nous ont précédés à cet égard ?

Voici à l'égard du dicton : *Pour un point Martin perdit son
âne* (le maître de l'âne s'appelle aussi Gibert ou Baudet dans de
vieux auteurs), voici un trait historique que relate un de nos
plus savants orientalistes, M. Quatremère.

Lors des commencements de l'empire Arabe, il existait dans
la ville de Médine , un certain nombre de jeunes gens dont l'in-
conduite portée jusqu'aux derniers excès, était pour tous les bons
musulmans un sujet de scandale. Des plaintes avaient été portées
au Calife qui écrivit au gouverneur de faire un dénombrement de
ces jeunes débauchés. Le copiste , soit à dessein , soit par inadver-
tance, ajouta un point sur une des lettres. Il forma ainsi le mot
castra au lieu de *numera*. Le gouverneur se hâta d'exécuter ce
qu'il croyait un ordre émané du Calife. Le prince , en recevant
cette nouvelle , protesta qu'on avait mal compris ses intentions.
La chose était sans remède.

On noun deou puat jutgia d'ong homé ny de vin
Sens lous aouè esprouats, au brespe, au matyn.

De hemne brut è de hromatgé
Qui mens en usé, es lou mas satgé.

Crasse cousine, magré testamen (1).

Qui bastis ou se maride, leou sa bousse afflaquide.

Qui a navious è a hemne, a hè
N'es pas sens pene, è tous tens a relè.

Poq a poq lou loup plume è mynge l'auque.

Qui larbé ame, nou hays la rame.

Qui laoue lou cap à l'asè ou l'asenou,
Què perd la pene, lou lessiou, lou sabou.

Encoè que ton gat sie layroun
Nou lou cassez de la maisoun.

Hole è pegue es l'aouelhe
Qui au loup ha è s'acousselhe.

Rode mal engreichade es subiette à la cridade.

Bedets peissous è poulets crus,
Lous semeteris hen boussuts (2).

---

(1) Cosina guisen-eguiac iabea du abulzen (Oih., *Prov.* 110).
La cuisine trop grasse amaigrit le maître.

(2) Parmi les questions discutées dans le curieux traité de Laurent Joubert, *Des erreurs populaires* (1579), se trouve celles-ci : « Pourquoy dit-on : *Poulles mal cuittes et veau cru font cime-* » *tière bossu ?* ». — Il se rencontre dans cet ouvrage nombre d'adages populaires qui nous semblent avoir échappé aux Parœ-miographes ; bornons-nous à en consigner ici quatre que nous

Goutte a goutte on emplee la boutte.

Tau se pousse goarda de la brune humade ,
Que cay deguens lou hocq ou bé dens la cendrade.

Tard cride l'ausset quan es au lasset.

Hol es qui se hide en aigue endromide.

Perre souben remudade de mousse nés goay gahade (1).

Tan ba la crugue à la hontanette
Que y lesché la carbe l'aureliette.

Qui n'a co , qaugie cambes.

Amistat de gendré , soleil de Desembre.

Beautat de hemme è bon vyn
Hen rebelha trop de matyn.

Hilhes sottes a marida , soun de maubez goarda (2).

Et nou pot sorty deon say , qué so qués dehens.

---

n'avons pas trouvés dans le *Livre des Proverbes* de M. Leroux de
Lincy :

Qui ne boit après salade , est en danger d'être malade.

Après la pomme , onc ne but homme.

Vin sur lait est souhait , lait sur vin est venin.

Beurre au matin est or , à dîner argent , et au souper du plomb.

(1) Adage qui se retrouve littéralement dans le recueil d'Oihenart , *Prov.* 211 ; *Harri erabilic estu bilzen oroldiriq.*

(2) *Alaba sorhi denean esconzeco , eta erraz beguirazeco* (Oih.,
Prov. 18).

*Quand la fille est mûre pour être mariée , la garde n'en
est pas aisée.*

Quan plau en Aoust, plan meau è moust.

Ehaus, poules è couloms ensalissen les maisouns.

Ben parla, es lou camyn per segu camyna.

Done plan dressade, mule enquabestrade.

Qui se hè aouelie, lou loup queou pelegie.

Lou nou pot hé dung basoq ung esparbè.

Si tu tè bos engraicha bitamen,
Mynge dap ham, è beou tout doucemen.

Soureil de haute leouade
Nou ès de longue durade.

Qui mès que na goaspilie è despen.
Se hilé corde doun het medech se pen.

FIN.

BORDEAUX. IMPRIMERIE DE TH. LAFARGUE, LIBRAIRE.

www.ingramcontent.com/pod-product-compliance
Lightning Source LLC
Chambersburg PA
CBHW072219210626
46818CB00014BA/2810